快乐西班牙语
¿Español?
¡Por supuesto!

1
(A1)

练习册

[西班牙] 玛丽亚·安赫莱斯·帕洛米诺　编著

董云琪　左茜茜　颜兆宏　译编

U0063115

上海外语教育出版社
外教社 SHANGHAI FOREIGN LANGUAGE EDUCATION PRESS

edelsa
GRUPO DIDASCALIA, S.A.

图书在版编目（CIP）数据

快乐西班牙语1 (A1) 练习册 / (西) 玛丽亚·安赫莱斯·帕洛米诺编著；董云琪，左茜茜，颜兆宏译编. —— 上海：上海外语教育出版社，2024
ISBN 978-7-5446-7935-0

Ⅰ.①快… Ⅱ.①玛… ②董… ③左… ④颜… Ⅲ.①西班牙语—习题集 Ⅳ.①H34

中国国家版本馆CIP数据核字(2023)第246774号

图字：09-2022-0466号

审图号：GS(2016)1566号

出版发行：**上海外语教育出版社**
　　　　　（上海外国语大学内） 邮编：200083
电　　话：021-65425300 (总机)
电子邮箱：bookinfo@sflep.com.cn
网　　址：http://www.sflep.com
责任编辑：李志力

印　　刷：上海晨熙印刷有限公司
开　　本：889×1194　1/16　印张4　字数144千字
版　　次：2024年4月第1版　2024年4月第1次印刷

书　　号：ISBN 978-7-5446-7935-0
定　　价：**20.00**元

本版图书如有印装质量问题，可向本社调换
质量服务热线：4008-213-263

Índice 目录

Ejercicios 练习

Fonética y ortografía 语音和拼写 26

Diccionario visual 图解词典 32

Mi diccionario 我的词典 42

Transcripciones 录音文字 56

Esto es español

1 **Separa las palabras y escribe las mayúsculas necesarias. Luego, une con flechas las frases y las situaciones.**

1. soynatalia. ....

2. ¡hola!buenastardes. ....   **a.** Despedirse

3. ¡hastaluego! ....   **b.** Presentarse

4. ¡hola!buenosdías. ....   **c.** Saludar

5. ¡hola!¿quétal? ....

2 **Lee el deletreo y escribe las palabras.**

1. eme, a, erre, i, cu, u, i, te, a
2. ene, u, e, zeta
3. ge, a, ele, ele, e, te, a
4. erre, e, ge, a, ele, o

5. pe, i, eñe, a
6. efe, u, te, be, o, ele, i, ese, te, a
7. erre, e, ele, o, jota
8. ge, u, i, te, a, erre, erre, a

1. _ _ _ _ _ _ _ _ _   2. _ _ _ _ _   3. _ _ _ _ _ _ _ _   4. _ _ _ _ _

5. _ _ _ _ _   6. _ _ _ _ _ _ _   7. _ _ _ _ _ _   8. _ _ _ _ _ _ _

3 Separa y escribe los números en cifras.

nuevecincounotressietedosseisdiezcuatroochodiezcero

a. ...9...   e. ....   i. ....

b. ....   f. ....   j. ....

c. ....   g. ....   k. ....

d. ....   h. ....   l. ....

4 Escribe las tildes necesarias en los nombres de estas ciudades españolas.
(Observa la última letra).

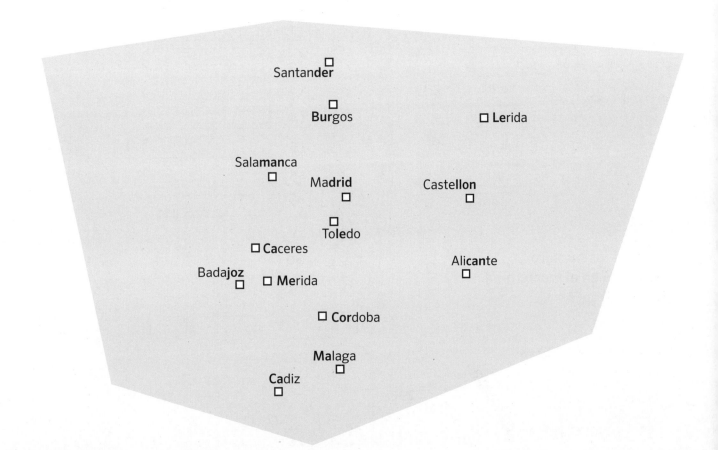

5 Ahora, clasifica los nombres de las ciudades anteriores.

La sílaba fuerte es la última. XXX	La sílaba fuerte es la penúltima. XXX	La sílaba fuerte es la antepenúltima. XXX

¿Cómo te llamas?

Lección 1

1 Ordena los nombres de los días de la semana.

sábado

miércoles

lunes

domingo

jueves

martes

viernes

① ....

② ....

③ ....

④ ....

⑤ ....

⑥ ....

⑦ ....

2 Escribe los números en letras en el crucigrama.

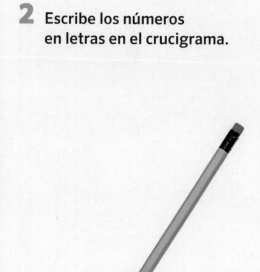

3 Calcula. Escribe los resultados con letras.

1. 7 + 3 = ...
2. 3 x 5 = ...
3. 2 x 10 = ...
4. 17 − 4 = ...
5. 10 + 4 + 3 = ...
6. 8 + 6 = ...
7. 15 + 4 = ...
8. 20 − 4 = ...
9. 2 x 6 = ...
10. 20 + 2 = ...

Lección 2

4 Ordena la conversación.

[ ] ¿Tus apellidos?

[ ] Y vosotros, ¿quiénes sois?

[1] ¡Hola, chicos, buenas tardes!
Soy la entrenadora, me llamo
Carmen Medina Toledo.
Y tú, ¿cómo te llamas?

[ ] Y tú eres...

[ ] Moreno Casas.

[ ] Me llamo María.

[ ] Yo soy Lucas Rubio Palacios y
él es Marcos López Ruiz.

5 Rodea las formas del verbo *ser* y escribe los pronombres personales como en el modelo.

holasoisapellidoeresamigoyosoyentrenadorasomoschicosonnombrees

vosotros/as

6 Escribe los verbos en presente en el crucigrama.

1. tener, él
2. tener, ustedes
3. ser, nosotros
4. vivir, ella
5. vivir, ellos
6. llamarse, nosotros
7. llamarse, ellas
8. tener, nosotros
9. tener, tú
10. ser, tú
11. llamarse, yo
12. vivir, tú
13. vivir, nosotros
14. vivir, yo
15. ser, yo
16. tener, yo

Lección 3

7 Ordena las palabras.

1. fútbol/la/Dónde/¿/vive/de/entrenadora/? ....
2. el/se/¿/Cómo/profesor/?/llama ....
3. el/Quién/¿/es/?/chico ....
4. tu/favorito/¿/Cuál/es/número/? ....
5. ¿/tiene/años/¿/Cuántos/Víctor ....
6. chicas/son/¿/Quiénes/?/las ....
7. José/son/¿/apellidos/Cuáles/los/?/de ....

8 Escribe las preguntas correspondientes.

1. .... Son dos amigos de José.
2. .... Mis apellidos son Martín Alonso.
3. .... Vivimos en Madrid.
4. .... El chico se llama Pedro.
5. .... Lucía tiene doce años.
6. .... Mi día favorito es el domingo.

¿De dónde eres?

Lección 4

1 Rodea los nombres de 14 países.

F	P	G	R	E	C	I	A	S	A	T	M	O
R	C	L	E	R	T	Y	U	I	U	A	É	R
A	A	L	E	M	A	N	I	A	S	I	X	A
N	N	I	M	F	G	H	J	K	T	T	I	B
C	A	S	N	D	S	C	A	C	R	A	C	R
I	D	O	P	O	R	T	U	G	A	L	O	A
A	Á	E	F	T	H	J	L	Ñ	L	I	Q	S
A	R	G	E	N	T	I	N	A	I	A	P	I
I	N	G	L	A	T	E	R	R	A	T	Y	L
E	S	T	A	D	O	S	U	N	I	D	O	S
P	U	J	A	P	Ó	N	R	F	V	G	S	O
G	M	A	R	R	U	E	C	O	S	F	M	P

2 Escribe el nombre de los continentes en el mapa.

世界地图

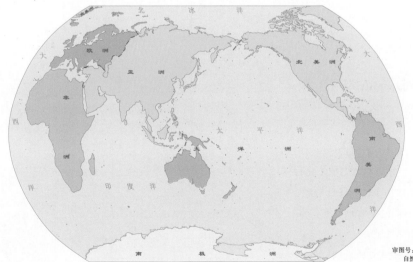

审图号：GS(2016)1566号
自然资源部 监制

1. ....

2. ....

3. ....

4. ....

5. ....

3 Completa los nombres de los meses con las consonantes que faltan.

1. e__e__o
2. __e__ __e__o
3. __a__ __o
4. a__ __i__

5. __a__o
6. __u__io
7. __u__io
8. a__o__ __o

9. __e__ __ie__ __ __e
10. o__ __u__ __e
11. __o__ie__ __ __e
12. __i__ie__ __ __e

Lección 5

4 Relaciona las dos partes de cada nacionalidad en masculino o femenino. Luego, escribe el masculino o femenino de cada una, como en el modelo.

1. alema-	a. -cana	1. alemán
2. argen-	b. -cés	2. ....
3. aus-	c. -dense	3. ....
4. brasi-	d. -diense	4. ....
5. cana-	e. -ga	5. ....
6. estadouni-	f. -guesa	6. ....
7. fran-	g. -leña	7. ....
8. grie-	h. -liano	8. ....
9. ingle-	i. -traliano	9. ....
10. ita-	j. -na	10. ....
11. japo-	k. -nés	11. ....
12. marro-	l. -quí	12. ....
13. mexi-	m. -sa	13. ....
14. portu-	n. -so	14. ....
15. ru-	ñ. -tina	15. ....

5 Completa las frases como en el modelo.

1. Karl es alemán. David y Peter también son .... alemanes
2. Alberto es español. Julio y Rafael también son ....
3. John es inglés. Jack y Robert también son ....
4. Hélène es canadiense. Céline y Christine también son ....
5. Mario es portugués. Adriano y Benedito también son ....
6. Nathalie es francesa. Sophie y Caroline también son ....
7. Marco es italiano. Carlo y Bruno también son ....
8. Irina es rusa. Tiana y Olenka también son ....
9. Yoshima es japonés. Koji y Takumi también son ....
10. Alison es estadounidense. Kate y Pamela también son ....

Lección 6

6 Observa y clasifica estas palabras.

nacionalidad • mapa • equipo • mundo • información • instituto • nombre • martes • fecha • foto
profesor • conversación • compañera • consonante • ciudad • día • amiga • primavera • edad
compañera • doce • treinta • semana • lección • bandera • apellido • miércoles • sociedad

masculinas	femeninas

7 Ahora, escribe las palabras anteriores y completa con el artículo (*el, la/un, una*).

1. ....
2. ....
3. ....
4. ....
5. ....
6. ....
7. ....

8. ....
9. ....
10. ....
11. ....
12. ....
13. ....
14. ....

15. ....
16. ....
17. ....
18. ....
19. ....
20. ....
21. ....

22. ....
23. ....
24. ....
25. ....
26. ....
27. ....
28. ....

8 Escribe estas fechas como en el modelo.

1. 16/06   *dieciséis de junio*
2. 19/04   ....
3. 09/09   ....
4. 22/07   ....
5. 30/03   ....
6. 21/01   ....
7. 15/10   ....
8. 13/12   ....
9. 31/08   ....
10. 28/02   ....
11. 21/11   ....
12. 29/05   ....

¿Qué estudias?

Lección 7

1 a Escribe las vocales.

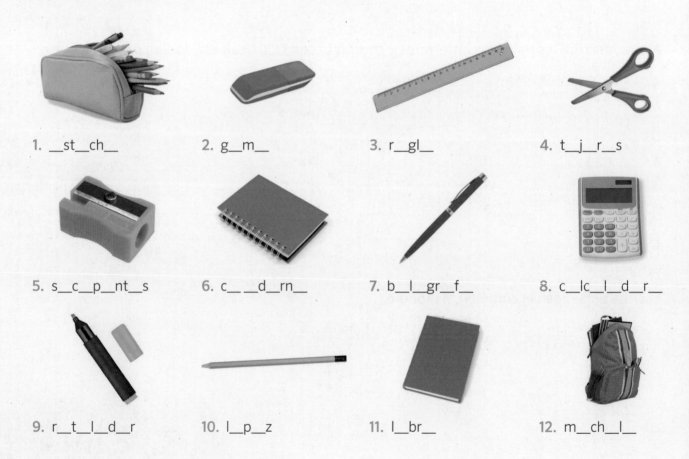

1. __st__ch__

2. g__m__

3. r__gl__

4. t__j__r__s

5. s__c__p__nt__s

6. c____d__rn__

7. b__l__gr__f__

8. c__lc__l__d__r__

9. r__t__l__d__r

10. l__p__z

11. l__br__

12. m__ch__l__

b Ahora, clasifica las palabras en la tabla.

el	la	las

2 Rodea el nombre de las asignaturas. Une con flechas los nombres y las imágenes.

tecnologíalenguayliteraturamatemáticasinglésfrancéscienciassociales
cienciasdelanaturalezaeducaciónfísicamúsicaeducaciónplásticayvisual

Lección 8

3 Escribe las formas en el crucigrama.

1. leer, él
2. explicar, tú
3. aprender, vosotros
4. describir, nosotros
5. ver, yo
6. conjugar, ellos
7. dibujar, tú
8. buscar, vosotros
9. hacer, yo
10. escribir, tú
11. aprender, nosotros
12. escuchar, ellos
13. responder, yo
14. ver, ellos
15. dibujar, yo
16. buscar, ella
17. escribir, yo
18. conjugar, nosotros
19. hacer, él
20. leer, tú
21. aprender, yo
22. hacer, ellos

4 **Relaciona las formas verbales con los pronombres personales.**

1. hablas
2. explican
3. escucháis
4. respondéis
5. veis
6. dibujo
7. escribes
8. lee
9. aprende
10. hablan

a. yo
b. tú
c. Ud., él, ella
d. nosotros/as
e. vosotros/as
f. Uds., ellos/as

11. hacen
12. ven
13. buscamos
14. escribimos
15. hago
16. estudiáis
17. haces
18. escuchas
19. estudio

5 **Escribe las frases en la forma negativa.**

1. Respondo a mi compañero. ....

2. Hoy estudias Matemáticas. ....

3. Escribís frases en la pizarra. ....

4. Buscamos información en Internet. ....

5. Dibujamos mapas. ....

6. Estudiamos con tabletas. ....

7. Veo un vídeo. ....

8. Hoy haces un ejercicio de vocabulario. ....

9. Beatriz aprende la lección. ....

10. Hablo inglés. ....

Lección 9

6 **Escribe los pronombres personales.**

1. está ....

2. estáis ....

3. estoy ....

4. están ....

5. estás ....

6. estamos ....

7 Relaciona como en el modelo.

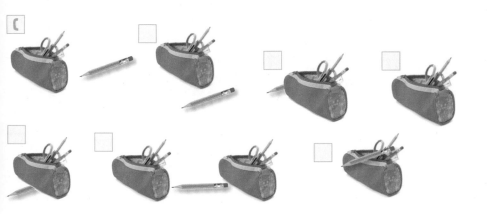

El lápiz está...

a. en el estuche
b. sobre el estuche
c. al lado del estuche ✓
d. entre los estuches
e. detrás del estuche
f. debajo del estuche
g. delante del estuche

8 Escribe los plurales en la tabla.

actividad • explicación • año • rotulador • bandera • conversación • nombre • compañero
país • día • semana • información • frase • edad • móvil • apellido • número • palabra
nacionalidad • equipo • ordenador • lección • camiseta • lápiz • amigo • comunidad

singular + -s	singular + -es	-ión > -iones	-z > -ces

9 Escribe las horas.

1. ....
....

2. ....
....

3. ....
....

4. ....
....

5. ....
....

6. ....
....

7. ....
....

8. ....
....

9. ....
....

10. ....
....

¿Cómo es tu familia?

Lección 10

1 ¿Quién es? Completa las frases.

1. El padre de mi padre es mi ....
2. La hermana de mi madre es mi ....
3. El hermano de mi prima es mi ....
4. El hermano de mi padre es mi ....
5. La madre del hermano de mi madre es mi ....
6. La prima de mi hermano es mi ....

2 Separa los verbos y las expresiones.

desayunarhacerlosdeberescenarlevantarsecomerlavarseirapiecinarverlatelemerendarvestirseacostarseducharse

verbos
desayunar

expresiones
hacer los deberes

Lección **11**

3 Completa la presentación de Manuel con estos verbos en presente.

comer (yo) • desayunar (nosotros) • levantarse (yo) • cenar (nosotros)
merendar (yo) • ducharse (yo) • ir (ella) • volver (yo) • ver (nosotros)
acostarse (ella) • vestirse (yo) • ir (nosotros) • llegar (nosotros) • hacer (yo)

Me llamo Manuel y vivo en Salamanca, tengo una hermana, Nuria. Todos los días .... a las 7:00, ... y .... Mi hermana y yo .... con nuestra madre. Luego .... los dos al instituto. Bueno, mi hermana .... al colegio y yo al instituto. .... a las 8:15. A las 14:00 .... con mis compañeros. A las 17:00 .... a casa, ... y .... los deberes. .... a las 21:00 con nuestros padres y .... la tele. Mi hermana .... a las 22:15 y yo me acuesto a las 22:30.

4 Conjuga los verbos en presente y termina las frases.

1. Ir (vosotros) ....

2. Hacer (tú) ....

3. Comer (yo) ....

4. Ver (ellos) ....

5. Acostarse (vosotros) ....

6. Llegar (nosotros) ....

7. Todas las mañanas desayunar (yo) ....

8. Levantarse (Pedro) ....

9. Por la noche cenar (yo) ....

10. A las 13:30 Nuria (volver) ....

a. a casa para comer con su madre.

b. a las 14:15.

c. cereales.

d. con mis padres a las 21:00.

e. al instituto en bici.

f. al instituto a las 8:15.

g. la tele.

h. los deberes.

i. a las 21:45.

j. a las 7:30.

5 Localiza 10 formas en la sopa de letras. Luego, indica el pronombre personal de cada una.

S	M	E		A	C	U	E	S	T	O	C	Q	S
M	A	S	C	E	X	C	L	E	Y	U	P	L	D
E	V	U	E	L	V	E	S		R	P	V	H	T
R	C	V	O	Y	L	X	E	V	F	Ñ	B	L	E
I	N	P	S	N	P	C	A	I	D	V	C	F	
E	G	A	F	M	N	E	P	S	S	A	S	G	V
N	O	S		A	C	O	S	T	A	M	O	S	I
D	P	E	A	G	S	N	G	E	K	O	D	F	S
A	H	D	B	F	E	X	N	N	L	S	F	G	T
S	M	E	R	E	N	D	Á	I	S	L	B	N	E
P	O	R	S	V	O	L	V	E	M	O	S	M	S

1. ....
2. ....
3. ....
4. ....
5. ....
6. ....
7. ....
8. ....
9. ....
10. ....

6 Transforma las frases como en el modelo.

1. Es nuestro primo. *Son nuestros primos.*
2. Es mi amiga. ....
3. Es tu libro. ....
4. Es vuestro cuaderno. ....
5. Es su lápiz. ....

6. Es mi compañero. ....
7. Es nuestra profesora. ....
8. Es tu mochila. ....
9. Es vuestra prima. ....
10. Es nuestro profesor. ....

Lección 12

7 Escribe los pronombres.

2. .... (Sonia y María) les gusta la música pop.

1. .... (Lucas) le gusta pintar.

$$9 + \frac{5x}{2} = 4$$

3. .... me gustan las Matemáticas.

4. ¿................ te gustan los perros?

5. .... nos gusta el chocolate.

6. .... os gusta patinar.

8 **Copia las palabras y expresiones en la columna correcta.**

el deporte • tomar cereales • tu perro • mi instituto • tus amigos
los helados de chocolate • ir al instituto • el baloncesto • la paella
las Ciencias de la Naturaleza • el Inglés • hacer ejercicios de gramática
ver vídeos • la Literatura • las poesías • los ordenadores • tu estuche

me gusta	me gustan

9 **Une con flechas. Forma 13 frases.**

1. Me gusta
2. No te gustan
3. ¿Os gusta
4. A mis abuelos les gustan
5. No nos gustan
6. A mi primo le gusta

a. ver
b. los helados
c. tocar
d. hacer
e. las
f. la

I. surf.
II. natación.
III. la tele.
IV. Matemáticas.
V. de vainilla.
VI. la guitarra?

1. ....

2. ....

3. ....

4. ....

5. ....

6. ....

7. ....

8. ....

9. ....

10. ....

11. ....

12. ....

13. ....

¿Cuál es tu color favorito?

Lección 13

1 Completa las palabras con las vocales que faltan y escribe los artículos *la* o *el*.

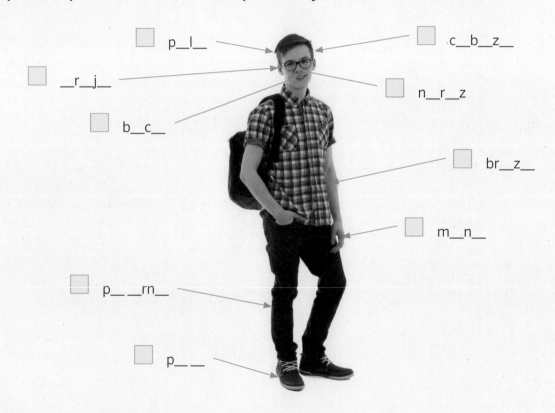

☐ p_l_

☐ _r_j_

☐ b__c_

☐ c__b__z__

☐ n__r__z

☐ br__z__

☐ m__n__

☐ p__ __rn__

☐ p__ __

2 Colorea las formas. Escribe el color de las mezclas.

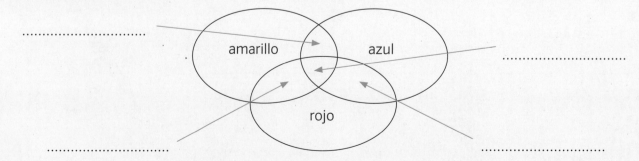

amarillo   azul

rojo

....

....

....

....

Lección 14

3 Escribe estos números con letras.

1. 32 ....
2. 64 ....
3. 87 ....
4. 29 ....
5. 99 ....
6. 23 ....
7. 43 ....
8. 71 ....
9. 54 ....
10. 56 ....

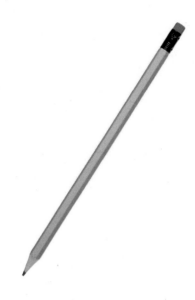

4 Colorea estas casillas. ¿Qué lees?

doce • dieciocho • veintiuno • veinticuatro • treinta • treinta y tres • treinta y nueve
cuarenta y uno • cuarenta y tres • cincuenta y cinco • sesenta y siete
setenta y ocho • ochenta y seis • noventa y uno • noventa y cinco • cien

11				17		100			47		93		29		
	41	84	78										39		
		12											1		38
				7	55	8	91	52	24	90	67		18	86	
34	21	32	95							50			23		66
						33	89		43		30				
			42					20							

5 Clasifica las palabras en la tabla.

liso • rubio • delgada • corto • alto • moreno • verdes
baja • largo • azules • rizado • gorda • castaño • marrones

estatura	cuerpo	ojos	pelo	
			color	forma

Lección 15

6 Conjuga los verbos en pretérito perfecto simple.

	cenar	comer	escribir
yo	....	....	....
tú	....	....	....
Ud., él, ella	....	....	....
nosotros/as	....	....	....
vosotros/as	....	....	....
Uds., ellos/as	....	....	....

7 Relaciona las formas con los pronombres personales.

1. hablé
2. respondimos
3. viví
4. te acostaste
5. comí
6. hablaron
7. escribiste
8. volviste

a. yo
b. tú
c. Ud., él/ella
d. nosotros/as
e. vosotros/as
f. Uds., ellos/as

9. escuchó
10. vivió
11. comieron
12. volví
13. os acostasteis
14. escucharon
15. escribimos
16. respondió

8 Localiza 9 formas en pretérito perfecto simple de los verbos *hacer, ir* y *ver* y escribe los pronombres personales, como en el modelo.

Uds., ellos/as

hicevoyhablanvirespondemosfueronvanvistehagovanfuiescribenvioescuchan
hizohacenhicierondesayunáishacéisveofuimosvan

9 Ahora, escribe las 9 formas que faltan en el ejercicio anterior.

1. hacer ....
2. ir ....
3. ver ....

6 ¿Cómo es tu casa?

Lección 16

1 Escribe los nombres de las habitaciones en el crucigrama.

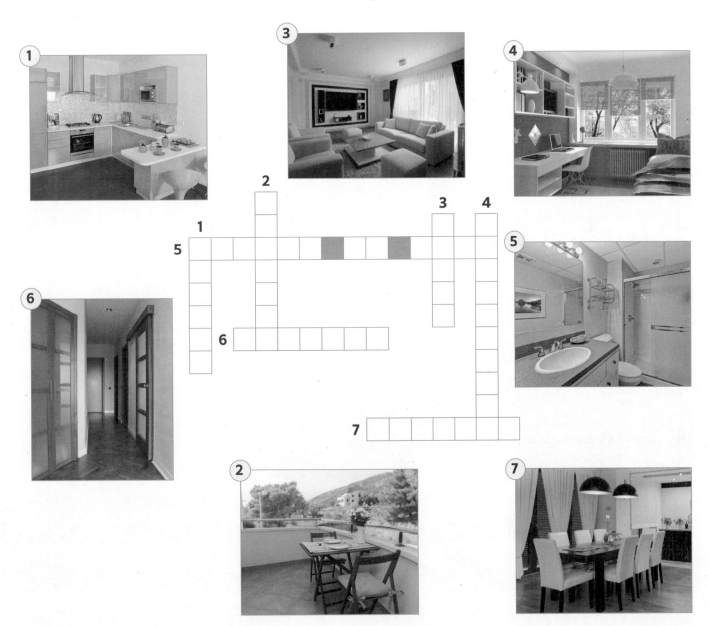

2 Dibuja los muebles.

una estantería azul	una cama verde	una silla roja

una alfombra violeta	un escritorio marrón	una mesita de noche amarilla

Lección 17

3 Lee las frases y dibuja los objetos.

1. Debajo del escritorio hay un balón.
2. A la derecha del ordenador hay un diccionario.
3. Hay un bolígrafo entre el móvil y el diccionario.
4. Delante del ordenador hay una goma.
5. Hay un estuche detrás del móvil.
6. Sobre el diccionario hay una goma.

4 Clasifica las palabras en la tabla.

esa silla • aquellos lápices • este chico • estas tijeras • aquellas gafas • ese ordenador
esta mochila • esos balones • aquella foto • estos cuadernos • esas camisetas • aquel árbol

Está(n) cerca	No está(n) muy lejos	Está(n) lejos

Lección 18

5 Observa las fotos y escribe frases con *ir a* + infinitivo.

1. Vosotros ....
....

2. Mis abuelos ....
....

3. Tú ....
....

4. Nosotros ....
....

5. Yo ....
....

6. Alberto ....
....

7. Yo ....
....

8. Tus amigos ....
....

9. Verónica ....
....

6 Indica la expresión temporal más adecuada.

1. Voy a ir a la playa.   **a.** Este verano.   **b.** En diciembre.
2. Vamos a cenar en la terraza.   **a.** Esta tarde.   **b.** Esta noche.
3. Vas a merendar con tus primos.   **a.** Esta tarde.   **b.** Esta mañana.
4. Voy a acostarme.........   **a.** a las 22:00.   **b.** a las 18:30.
5. Es viernes, ... no voy a ir al instituto.   **a.** hoy   **b.** mañana

Fonética y ortografía

语音和拼写

Así se pronuncia y se escribe en español.

• La *l* y la *ll*

pista 1

1 Escucha estos nombres de ciudades españolas. Indica qué letra oyes: *l* o *ll*.

	l	ll
1.	☐	☐
2.	☐	☐
3.	☐	☐
4.	☐	☐
5.	☐	☐

	l	ll
6.	☐	☐
7.	☐	☐
8.	☐	☐
9.	☐	☐
10.	☐	☐

pista 2

2 Escucha de nuevo y repite cada palabra.

Sevilla • Castellón • Málaga • Valencia • Pamplona • Mallorca
Alicante • Marbella • Trujillo • Barcelona

• La *n* y la *ñ*

pista 3

3 Escucha y completa estas palabras con *n* o *ñ*. Después, lee en voz alta.

1. la pi__a

2. la ra__a

3. la ara__a

4. las casta__as

5. las ma__os

6. el __ido

7. las monta__as

8. el pa__uelo

9. el aba__ico

10. el __i__o

• La *y*

4 **Escucha y observa.**

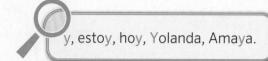

y, estoy, hoy, Yolanda, Amaya.

5 **Ahora, relaciona.**

1. y sola y final se pronuncia como   **a.** la *ll*
2. y + vocal se pronuncia como   **b.** la *i*

6 **Pronuncia estas palabras. Luego, escucha y comprueba.**

1. el jersey   **2.** el payaso   **3.** el buey   **4.** la papaya   **5.** el yoyó

6. el rey   **7.** el yogur   **8.** Paraguay   **9.** la playa   **10.** Uruguay

• La *c* y la *qu*

7 **Lee, escucha y repite.**

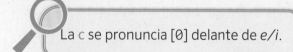

La c se pronuncia [θ] delante de *e/i*.

1. el lince   **2.** el doce   **3.** la cebra

4. la ciruela   **5.** el cien   **6.** el cielo

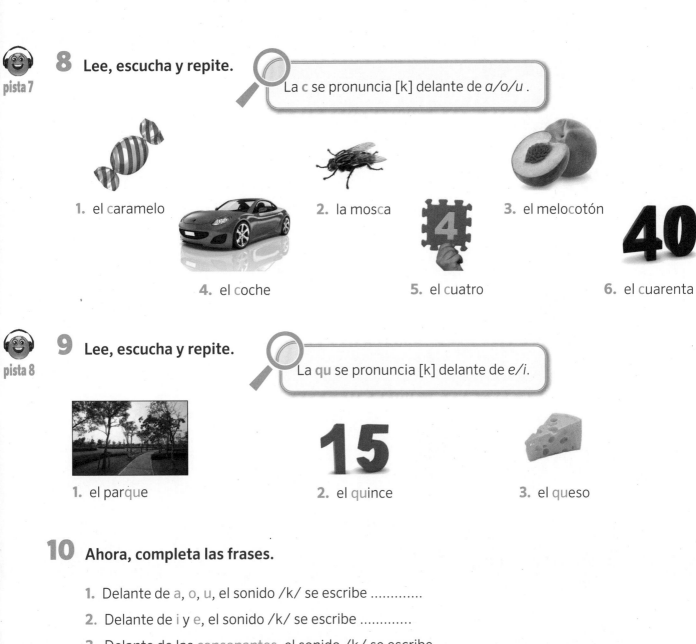

8 Lee, escucha y repite.

La **c** se pronuncia [k] delante de *a/o/u* .

1. el caramelo

2. la mosca

3. el melocotón

4. el coche

5. el cuatro

6. el cuarenta

9 Lee, escucha y repite.

La **qu** se pronuncia [k] delante de *e/i*.

1. el parque

2. el quince

3. el queso

10 Ahora, completa las frases.

1. Delante de a, o, u, el sonido /k/ se escribe ....

2. Delante de i y e, el sonido /k/ se escribe ....

3. Delante de las consonantes, el sonido /k/ se escribe ....

11 Pronuncia estos nombres españoles. Luego, escucha y comprueba.

Celia • Carolina • Francisco • Macarena • Marcos • Cecilia
Patricia • Blanca • Marcelo • Lucas

12 Escribe las palabras que faltan con el sonido /k/ como en el ejemplo.

1. ¿........Qué........ hora es?

2. Un mes del año: ....

3. Un continente: ....

4. Un color: ....

5. El 4: ....

6. Un día de la semana: ....

7. El 15: ....

8. Un 🗂 : ....

9. Una 🖩 : ....

10. Contrario de *largo*: ....

• La *g* y la *gu*

13 Lee, escucha y repite.

🔍 La g se pronuncia [g] delante de *a/o/u/ui/ue/l/r*.

1. el gato

2. el mango

3. la regla

4. el tigre

5. la guitarra

6. el guepardo

14 Lee, escucha y repite.

🔍 La g se pronuncia [X] delante de *e/i*.

1. el geranio

2. el genio

3. el colegio

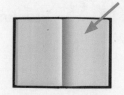

4. la página

15 Ahora, completa las frases.

1. Delante de las vocales a, o, u, el sonido /g/ se escribe ....
2. Delante de las vocales i y e, el sonido /X/ se escribe ....
3. Delante de las consonantes, el sonido /g/ se escribe ....

16 **Pronuncia estos nombres de ciudades españolas.**

Gerona • Burgos • Cartagena • Granada • La Gomera • Sagunto • Málaga • Segovia
Consuegra • Figueras • Zaragoza • Fuengirola • Guadalupe • Logroño • Águilas

17 **Lee estos nombres. Indica los nombres con el sonido /g/.**

Gustavo • Gerardo • Miguel • Hugo • Ágata • Guillermo
Gracia • Ángel • Santiago • Sergio • Águeda • Gabriela

• La *r* y la *rr*

pista 12

18 **Lee, escucha y repite estos nombres y apellidos.**

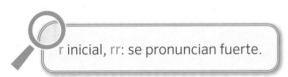
r inicial, rr: se pronuncian fuerte.

Rafael • Rebeca • Raúl • Roberto • Aguirre • Barranca • Navarro • Carrillo

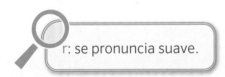
r: se pronuncia suave.

Federica • Álvaro • Dolores • Dora • Florencia • Alejandro
Beatriz • Bruno • Cristina • Leonor • Armando • Berta

pista 13

19 **Escucha estos apellidos y marca fuerte (F) o suave (S). Luego, completa con *r* o *rr*.**

	F	S
1. Iba___a	☐	☐
2. Ab___il	☐	☐
3. Lato___e	☐	☐
4. Mu___illo	☐	☐
5. ___edondo	☐	☐

	F	S
6. Oliva___es	☐	☐
7. Bece___a	☐	☐
8. G___ande	☐	☐
9. ___obles	☐	☐
10. Due___o	☐	☐

Diccionario

visual

图解词典

El material escolar 学校用品

el archivador

el bolígrafo

la calculadora

el sacapuntas

la goma

las tijeras

el cuaderno

el estuche

el rotulador

los libros

la regla

la mochila

las pinturas

el lápiz

el clip

Las asignaturas 学科

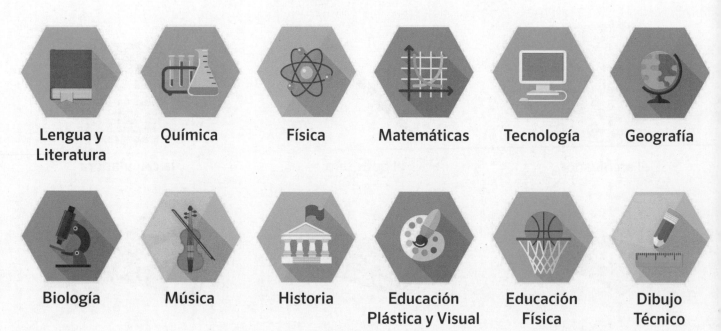

Lengua y Literatura   **Química**   **Física**   **Matemáticas**   **Tecnología**   **Geografía**

Biología   **Música**   **Historia**   **Educación Plástica y Visual**   **Educación Física**   **Dibujo Técnico**

La familia 家庭

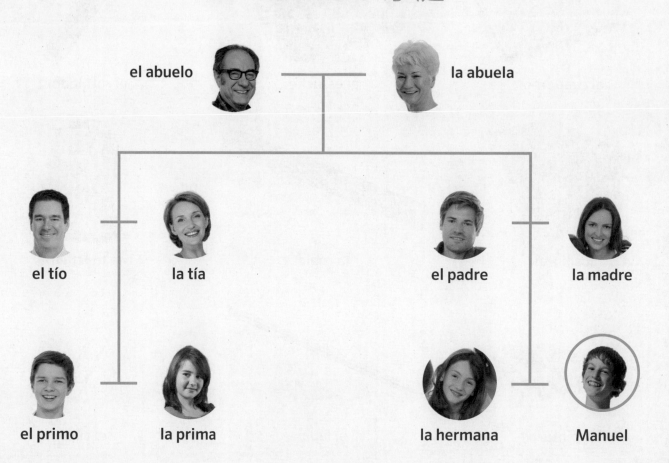

el abuelo   la abuela

el tío   la tía   el padre   la madre

el primo   la prima   la hermana   Manuel

Las actividades cotidianas 日常活动

desayunar

comer

merendar

cenar

levantarse

ducharse

hacer la cama

acostarse

ordenar la habitación

escuchar música

poner la mesa

fregar

cocinar

tocar la guitarra

patinar

hacer deberes

ir al supermercado

tirar la basura

ver la tele

montar en bici

Las partes del cuerpo 身体部位

el pelo

la cabeza

la oreja

los ojos

la nariz

la boca

el brazo

la mano

la pierna

el pie

La descripción física 描述外表

(tiene) pelo largo
y liso

(tiene) pelo corto
y rizado

(es) delgado

(es) gordo

(es) alto

(es) bajo

Las habitaciones de la casa 房间

el baño

el comedor

la terraza

la cocina

el dormitorio

el pasillo

el salón

Los muebles del dormitorio 卧室家具

el escritorio

la silla

la alfombra

el armario

la mesita

la cama

la estantería

Los animales 动物

el canguro

el elefante

el gato

el koala

el loro

la mariquita

el perro

la cebra

el lince

el guepardo

el tigre

la mosca

el buey

la rana

la araña

el pato

Las frutas 水果

las fresas

los higos

el kiwi

la naranja

la piña

el melocotón

la ciruela

el mango

la papaya

las uvas

la manzana

el plátano

las cerezas

la pera

el limón

la sandía

Más palabras 其他

los auriculares

el balón

la bombilla

la bici

la cámara

la camiseta

el collar

la consola

la clase

el despertador

las gafas

los globos

la gorra

la guitarra

la hamburguesa

la lavanda

la linterna

el llavero

la raqueta

el reloj

la tarta

la taza

el portátil

las zanahorias

las chuches

los patines

el helado

la tele

la bandera

la llave USB

el ratón

el chocolate

el invierno

el árbol

las flores

la tabla de surf

Mi diccionario

我的词典

Traduce estas palabras al chino y escribe una frase con cada una en español.

Unidad ⓪

Traducción 释义	Frase 造句
agenda (la)	
alfabeto (el)	
amigo, amiga (el, la)	
apellido (el)	
balón (el)	
Buenas noches.	
Buenas tardes.	
Buenos días.	
cámara (la)	
cero (el)	
cinco (el)	
¡Claro!	
cojín (el)	
correo electrónico (el)	
cuatro (el)	
despedirse	
diez (el)	
dos (el)	
¡Genial!	
Gracias.	
Hola.	
lápiz (el)	
letra (la)	
móvil (el)	

música (la) ....

nombre (el) ....

nueve (el) ....

número (el) ....

ocho (el) ....

ordenador (el) ....

perro (el) ....

presentarse ....

¿Qué tal? ....

rotulador (el) ....

saludar ....

seis (el) ....

sí ....

siete (el) ....

sílaba (la) ....

silla (la) ....

tilde (la) ....

tres (el) ....

uno (el) ....

vocal (la) ....

Unidad 1

año (el) ....

baloncesto (el) ....

bandera (la) ....

blog (el) ....

camiseta (la) ....

campeonato (el) ....

catorce (el) ....

chico, chica (el, la) ....

ciudad (la) ....

cumpleaños (el) ....

día (el) 45

diecinueve (el) ....

dieciocho (el) ....

dieciséis (el) ....

diecisiete (el) ....

doce (el) ....

domingo (el) ....

edad (la) ....

entrenador, entrenadora (el, la) ....

entrenamiento (el) ....

equipo (el) ....

favorito, favorita ....

fútbol (el) ....

jueves (el) ....

julio ....

llamarse ....

lunes (el) ....

martes (el) ....

miércoles (el) ....

nacional ....

nuevo, nueva ....

once (el) ....

país (el) ....

profesor, profesora (el, la) ....

quince (el) ....

sábado (el) ....

semana (la) ....

ser ....

tener ....

trece (el) ....

treinta (el) ....

veinte (el) ....

veinticinco (el) ....

veinticuatro (el) ....

veintidós (el) ....

veintinueve (el) ....

veintiocho (el) ....

veintiséis (el) ....

veintisiete (el) ....

veintitrés (el) ....

veintiuno (el) ....

viernes (el) ....

vivir ....

Unidad 2

abril ....

agosto ....

alemán, alemana ....

año (el) ....

argentino, argentina ....

brasileño, brasileña ....

buscar ....

canadiense ....

canguro (el) ....

capital (la) ....

chino, china ....

ciudad (la) ....

clase (la) ....

colombiano, colombiana ....

comida (la) ....

comprar ....

consonante (la) ....

continente (el) ....

conversación (la) ....

cuaderno (el) ....

cubano, cubana ....

diciembre ....

enero ....

Es verdad. ....

español, española ....

estadounidense ....

estuche (el) ....

fácil ....

febrero ....

fecha (la) ....

feliz ....

foto (la) ....

francés, francesa ....

Francia ....

frase (la) ....

futbolista (el, la) ....

grupo (el) ....

hombre (el) ....

hoy ....

idioma (el) ....

información (la) ....

instituto (el) ....

italiano, italiana ....

japonés, japonesa ....

joven ....

julio ....

junio ....

lección (la) ....

libro (el) ....

libro de aventuras (el) ....

llave USB (la) ....

mapa (el) ....

marroquí, marroquí ....

marzo ....

mayo ....

mes (el) ....

mexicano, mexicana ....

mochila (la) ....

monumento (el) ....

mujer (la) ....

mundo (el) ....

muñeca (la) ....

nacionalidad (la) ....

natación (la) ....

noviembre ....

octubre ....

plato (el) ....

portugués, portuguesa ....

postal (la) ....

pregunta (la) ....

raqueta (la) ....

regalo (el) ....

ruso, rusa ....

septiembre ....

torre (la) ....

unidad (la) ....

Unidad 3

actividad (la) ....

al lado de ....

animal (el) ....

aprender ....

archivador (el) ....

asignatura (la) ....

biografía (la) ....

bolígrafo (el) ....

buscar ....

calculadora (la) ....

Ciencias de la Naturaleza ....

Ciencias Sociales ....

clase (la) ....

compañero, compañera (el, la) ....

debajo de ....

delante de ....

detrás de ....

diálogo (el) ....

dibujar ....

Educación Física ....

Educación Plástica y Visual ....

ejercicio (el) ....

en ....

entre ....

escribir ....

escritor, escritora (el, la) ....

escuchar ....

estar ....

estudiar ....

explicación (la) ....

explicar ....

famoso, famosa ....

francés, francesa ....

Geografía ....

goma (la) ....

gramática (la) ....

hacer ....

hora (la) ....

Inglés ....

leer ....

Lengua y Literatura ....

mañana ....

Matemáticas ....

material escolar (el) ....

Música ....

objeto (el) ....

perro (el) ....

persona (la) ....

poesía (la) ....

por la mañana ....

regla (la) ....

reloj (el) ....

responder ....

sacapuntas (el) ....

sobre ....

Tecnología ....

tijeras (las) ....

ver ....

vídeo (el) ....

Unidad 4

abuelo, abuela (el, la) ....

acostarse ....

adolescente (el, la) ....

afición (la) ....

araña (la) ....

cenar ....

chocolate (el) ....

colegio (el) ....

comer ....

cómic (el) ....

compañero, compañera (el, la) ....

deberes (los) ....

desayunar ....

diversión (la) ....

ducharse ....

escuchar música ....

estudiante (el, la) ....

familia (la) ....

fiesta (la) ....

foro (el) ....

fresa (la) ....

gato (el) ....

guitarra (la) ....

gustar ....

gustos (los) ....

hacer los deberes ....

hacer un *selfie* ....

hacer surf ....

helado (el) ....

hermano, hermana (el, la) ....

invierno (el) ....

ir ....

levantarse ....

llegar ....

luego ....

madre (la) ....

merendar ....

miembro (el) ....

otoño (el) ....

padre (el) ....

patinar ....

pequeño, pequeña ....

por la noche ....

por la tarde ....

póster (el) ....

primo, prima (el, la) ....

rutina (la) ....

selfie (el) ....

surf (el) ....

tableta (la) ....

tele (la) ....

tío, tía (el, la) ....

tocar la guitarra ....

todos los días ....

vainilla (la) ....

ver la tele ....

vestirse ....

volver a casa ....

Unidad 5

alto, alta ....

amarillo, amarilla ....

azul ....

bajo, baja ....

blanco, blanca ....

boca (la) ....

brazo (el) ....

cabeza (la) ....

calle (la) ....

cara (la) ....

castaño, castaña ....

cien (el) ....

cincuenta (el) ....

color (el) ....

correr ....

corto, corta ....

cuarenta (el) ....

cuerpo (el) ....

delgado, delgada ....

después ....

dirección (la) ....

estatura (la) ....

fin de semana (el) ....

gafas (las) ....

gordo, gorda ....

gris ....

jugar ....

liso, lisa ....

llevar gafas ....

mano (la) ....

marrón ....

medir ....

moreno, morena ....

naranja ....

nariz (la) ....

negro, negra ....

noventa (el) ....

ochenta (el) ....

ojo (el) ....

oreja (la) ....

parque (el) ....

pelo (el) ....

pesar ....

peso (el) ....

pie (el) ....

pierna (la) ....

rojo, roja ....

rosa ....

rubio, rubia ....

salir ....

sesenta (el) ....

setenta (el) ....

verde ....

violeta ....

Unidad 6

a la derecha (de) ....

a la izquierda (de) ....

ahí ....

alfombra (la) ....

allí ....

alumno, alumna (el, la) ....

aquí ....

armario (el) ....

bailar ....

biblioteca (la) ....

caballo (el) ....

cama (la) ....

campamento (el) ....

casa (la) ....

cocina (la) ....

comedor (el) ....

cuarto de baño (el) ....

diccionario (el) ....

dormitorio (el) ....

escritorio (el) ....

esta mañana ....

esta noche ....

esta tarde ....

estantería (la) ....

fantástico, fantástica ....

grande ....

hacer fotos ....

hámster (el) ....

ir de acampada ....

laboratorio (el) ....

lago (el) ....

mar (el) ....

mesita de noche (la) ....

montar a caballo ....

mueble (el) ....

nadar ....

navegar por Internet ....

organizar ....

pasillo (el) ....

película (la) ....

piso (el) ....

pizarra digital (la) ....

plan (el) ....

playa (la) ....

¡Qué suerte! ....

salón (el) ....

terraza (la) ....

vacaciones (las) ....

ventana (la) ....

ver una película ....

verano (el) ....

Transcripciones

录音文字

Unidad 0

Saludas, te presentas y te despides
Pista 0-1. 1. Escucha y marca la foto correcta.
1. *Chico:* Hola.
   Chica: Hola, buenos días.
2. *Chica:* Adiós, buenas tardes.
3. *Chico 1:* Hola, buenos días. Soy David. ¿Y tú?
   Chico 2: Hola, yo soy José.

Aprendes el alfabeto
Pista 0-2. 4. Escucha y completa el alfabeto con estas letras.
El alfabeto: A, B, C, D, E, F, G, H, I, J, K, L, M, N, Ñ, O, P, Q, R, S, T, U, V, W, X, Y, Z.
c + h se pronuncia *che*
l + l se pronuncia *elle*

Deletreas tu correo electrónico
Pista 0-3. 5. María y Raquel hablan por Skype. Escucha y lee.

María	¿Tienes correo electrónico?
Raquel	Sí, claro. Es raqmuñozgil@gmail.es
María	raq... ¡Uf! ¿Cómo se escribe?
Raquel	Erre, a, cu, eme, u, eñe, o, zeta, ge, i, ele, arroba, gmail, punto, e, ese.
María	¡Genial! Gracias.

Cuentas del 0 (cero) al 10 (diez)
Pista 0-4. 7. Escucha y escribe los números que faltan.
a. cinco; **b.** ocho; **c.** nueve; **d.** seis; **e.** tres; **f.** dos; **g.** cero; **h.** uno; **i.** cuatro; **j.** siete.

Así suena el español
Pista 0-5. 9. Escucha y comprueba.
Raquel, ordenador, rotulador; Carmen, perro, silla; Malú, cojín, balón; Ángel, lápiz, móvil.
Verónica, música, cámara.

Unidad 1

Para empezar... ¡Prepárate!
Pista 1-1. 1. Escucha y escribe el nombre de cada chico.
1. ¡Hola! Me llamo David.
2. ¡Hola! Me llamo Adela.

Lección 1

Los días de la semana

Pista 1-2. 2. Escucha y completa los nombres de los días de la semana.

1. lunes; **2.** martes; **3.** miércoles; **4.** jueves; **5.** viernes; **6.** sábado; **7.** domingo.

Los números del 1 al 20

Pista 1-3. 4. Escucha y comprueba.

uno, dos, tres, cuatro, cinco, seis, siete, ocho, nueve, diez, once, doce, trece, catorce, quince, dieciséis, diecisiete, dieciocho, diecinueve, veinte.

Lección 2

Presentaciones

Pista 1-4. 1. Escucha y lee cómo se presentan.

Entrenadora	¡Hola, chicos, buenas tardes! Soy la entrenadora, me llamo Carmen Medina Toledo. ¿Y tú? ¿Cómo te llamas?
María	Me llamo María.
Entrenadora	¿Tus apellidos?
María	Moreno Casas.
Entrenadora	Y vosotros, ¿quiénes sois?
Lucas	Yo soy Lucas Rubio Palacios y él es Marcos López Ruiz.
Entrenadora	Y tú eres...

Lección 3

Nuevos amigos

Pista 1-5. 1. Escucha la conversación entre estos chicos.

Víctor	Hola, me llamo Víctor, y tú, ¿cómo te llamas?
Sara	Me llamo Sara. ¿Cuántos años tienes?
Víctor	Tengo 12 años. Vivo en Madrid. Y tú, ¿dónde vives?
Sara	En La Coruña. ¿Cuál es el número de tu camiseta?
Víctor	El seis. ¡Es mi número favorito!

Los interrogativos

Pista 1-6. 5. Escucha y comprueba.

1. ¿Quiénes son?; **2.** ¿Cuál es tu día favorito?; **3.** ¿Cuáles son tus apellidos?; **4.** ¿Quién eres?; **5.** ¿Cómo se llama la chica?; **6.** ¿Cuántos años tenéis?; **7.** ¿Dónde viven Elena y Lucía?

Área de Lengua

Pista 1-7. 1. Escucha y observa.

1. Paula tiene 12 años.

2. ¿Paula tiene 12 años?

3. ¡Paula tiene 12 años!

Pista 1-8. 2. Escucha y marca ¡!, ¿? o .

1. a. ¿Tu día favorito es el lunes?; **b.** Tu día favorito es el lunes.; **c.** ¡Tu día favorito es el lunes!

2. a. ¡José es el entrenador!; **b.** ¿José es el entrenador?; **c.** José es el entrenador.

3. a. Son tus amigos del equipo de fútbol.; **b.** ¡Son tus amigos del equipo de fútbol!; **c.** ¿Son tus amigos del equipo de fútbol?

Unidad 2

Lección 4

Los países y los continentes

Pista 2-1. 1. Escucha y completa los nombres de los países.

1. Canadá; **2.** Estados Unidos; **3.** México; **4.** Brasil; **5.** Argentina; **6.** Francia; **7.** Italia; **8.** Portugal; **9.** Inglaterra; **10.** Alemania; **11.** Marruecos; **12.** Grecia; **13.** Rusia; **14.** Australia; **15.** Japón.

Los meses del año

Pista 2-2. 4. Escucha y ordena los meses.

1. enero; **2.** febrero; **3.** marzo; **4.** abril; **5.** mayo; **6.** junio; **7.** julio; **8.** agosto; **9.** septiembre; **10.** octubre; **11.** noviembre; **12.** diciembre.

Lección 5

Es español

Pista 2-3. 2. Escucha y comprueba tus respuestas.

David	José, ¿cuántas nacionalidades conoces? A ver, la *pizza* es una comida...
José	¡Italiana!
David	¡Bien! Lionel Messi es un futbolista...
Virginia	¡Qué fácil! Argentino.
David	Síííííí. La Torre Eiffel es un monumento...
Virginia	¡Francés!
David	One Direction es un grupo...
José	¡Yo lo sé! ¡Inglés!... Otra, otra pregunta.
Virginia	Vale. Ahora pregunto yo. La paella es una comida...
David	¡Qué fácil! ¡Española!

Lección 6

Un regalo

Pista 2-4. 2. Escucha y comprueba.

Sara	¿Qué día es hoy?
David	¡Hoy es 5 de octubre! Es el cumpleaños de Marcos.
Sara	¡Es verdad! ¿Qué compramos?
David	¡Un estuche! No, no. Unos rotuladores para clase.
Sara	¡Noooo! ¿Y una camiseta?
David	O una llave USB.
Sara	¿Y un libro de aventuras?
David	No sé. Síííí. ¡Una raqueta!
Sara	Vale, y buscamos una postal en Internet.
David	Genial.

La fecha de cumpleaños

Pista 2-5. 3. Escucha y marca la fecha de cumpleaños de los dos amigos.

Chico: Mi cumpleaños es el 5 de abril./Chica: Mi cumpleaños es el 20 de agosto.

Vivir en sociedad

Pista 2-6. 4. Escucha y aprende la canción del «Cumpleaños feliz».

Cumpleaños feliz, cumpleaños feliz. Te deseamos todos cumpleaños feliz.

Unidad 3

Lección 7
El material escolar
Pista 3-1. 1. Escucha y escribe estos nombres debajo del objeto adecuado.

1. los libros; **2.** el archivador; **3.** el estuche; **4.** los bolígrafos; **5.** la mochila; **6.** los cuadernos; **7.** la goma; **8.** el lápiz; **9.** el rotulador; **10.** la calculadora; **11.** las tijeras; **12.** la regla; **13.** el sacapuntas.

Lección 8
Mis clases
Pista 3-2. 1. Escucha y lee qué hacen Raquel y sus compañeros en clase.

Hoy es martes. Los martes por la mañana estudio tres asignaturas. En clase de Inglés estudiamos con ordenadores. Escuchamos diálogos, vemos vídeos, hacemos ejercicios de gramática, aprendemos palabras... y no escribimos en el libro.

Después, tengo clase de Lengua y Literatura. En esta clase el profe explica la lección. Estudiamos la biografía de escritores importantes. Leemos textos y escribimos las explicaciones del profesor en el cuaderno y respondemos a las preguntas del profesor.

Después, en clase de Geografía, escuchamos al profe. Aprendemos los nombres de los países. Dibujamos mapas y buscamos información en Internet.

La frase negativa
Pista 3-3. 6. Escucha y marca las frases correctas.

- ● ¿Cuál es tu asignatura favorita?
- ○ Inglés. Mi profesor es inglés, de Oxford.
- ● ¿Qué hacéis en clase de Inglés?
- ○ Leemos textos, escuchamos diálogos...
- ● ¿Aprendéis poesías?
- ○ No. Aprendemos canciones.

Lección 9
Mis compañeros
Pista 3-4. 1. Escucha a Raquel y observa la foto.

Hoy es lunes y son las diez y diez. Estoy en la clase de Música. Mis compañeros están sentados en las sillas, excepto Alba y Rubén. Nerea está al lado de Diego. Diego y Carlos están delante de Daniel. Matilde está detrás de Carlos. Daniel está entre Matilde y Valeria. Y yo, ¿dónde estoy?
¡Pues yo hago la foto!

El nombre: singular y plural
Pista 3-5. 5. Escucha y escribe las palabras.

1. el amigo; **2.** el reloj; **3.** la goma; **4.** la clase.

Unidad 4

Pista 4-1. **Para empezar... ¡Prepárate!**
Pista 4-1. 3. Escucha y marca qué le gusta a Manuel.

- Oye, Manuel, ¿te gusta jugar al fútbol?
○ No, no me gusta.
- ¿Y la Geografía?

○ Síííí, es mi asignatura favorita.
- ¿Te gusta el invierno?
○ No, no me gusta.

Lección 10

La familia de Manuel

Pista 4-2. 1. Luego, escucha y comprueba.

Hola, soy Manuel. Te presento a mi familia. Mi abuelo se llama Gustavo y mi abuela, María. Mi padre se llama Jacobo y mi madre, Patricia. Tengo un tío y una tía. Mi tía se llama Lucía y mi tío, Pedro. Tengo dos primos, David, mi primo, y Natalia, mi prima. Mi hermana se llama Nuria.

Las actividades cotidianas

Pista 4-3. 3. Escucha qué hacen estos chicos y relaciona cada actividad con la foto adecuada.

1. *Chico:* Por la mañana me levanto a las 7:00, me ducho a las 7:15, desayuno a las 7:30 y me visto a las 7:45;
2. *Chico:* Yo, por la tarde, como a las 13:30 y a las 17:00 meriendo. A las 17:20 voy a patinar con mis amigos y después hago los deberes, a las 19:00;
3. *Chica:* Yo ceno a las 21:00 y después veo la tele, a las 21:30. Me acuesto a las 22:30.

Lección 11

Manuel participa en un foro de estudiantes

Pista 4-4. 1. Escucha y lee lo que escribe Manuel.

Me llamo Manuel y vivo en Salamanca, tengo una hermana, Nuria. Todos los días me levanto a las 7:00, me ducho y me visto. Mi hermana y yo desayunamos con nuestra madre. Luego, vamos los dos al instituto. Bueno, mi hermana va al colegio y yo voy al instituto. Llegamos a las 8:15. A las 14:00 como con mis compañeros. A las 17:00 vuelvo a casa, meriendo y hago los deberes. Mi hermana y yo cenamos a las 21:00 con nuestros padres y vemos la tele. Mi hermana se acuesta a las 22:15 y yo me acuesto a las 22:30.

Lección 12

Los gustos de Manuel

Pista 4-5. 1. Escucha lo que dice Manuel y marca *me gusta/n, no me gusta/n*.

A mí me gusta tocar la guitarra y patinar. También me gustan el chocolate y las fresas. Y también los helados de vainilla. Síííí, los helados de vainilla son mis preferidos.
El invierno no me gusta, pero en verano me gusta hacer surf con mis amigos y jugar al fútbol.
Dibujar no me gusta, es aburrido. ¡Ah, sí! Tengo dos perros y me gustan mucho. Se llaman Tim y Tam.

¿Qué te gusta?

Pista 4-6. 5. Escucha y completa con la letra correcta: a = *le gusta(n)* / b = *no le gusta(n)*.

- Hola, Nerea. Hoy hago una encuesta para clase de Lengua sobre los gustos de mis amigos, ¿vale? ¿A ti te gustan los perros?

○ ¡Sí! Tengo uno, se llama Tino.

- ¿Y dibujar?, ¿te gusta dibujar?

- o Sí. Tenemos clase de Dibujo los miércoles y me gusta mucho.
- ● ¿Y las fresas?
- o No, no me gustan.
- ● ¿Te gusta hacer *selfies?*

- o ¡Síííí! Con mis amigas.
- ● ¿Y los deportes?
- o Bueno, no me gusta la natación, pero me gusta el baloncesto. Estoy en el equipo del instituto.
- ● Gracias, Nerea.

Unidad 5

Lección 13

El cuerpo

Pista 5-1. 3. Escucha y comprueba.

1. Tenemos dos orejas para escuchar música; **2.** Con los ojos leemos y vemos la tele; **3.** La nariz sirve para respirar; **4.** El pelo está en la cabeza; **5.** En la cabeza están los ojos, las orejas, la nariz y la boca; **6.** Tenemos dos brazos. En los brazos tenemos dos manos para escribir, dibujar; **7.** También tenemos dos piernas y dos pies.

Los colores

Pista 5-2. 5. Escucha lo que dicen y escribe el nombre del color adecuado.

1. Sergio: A mí me gustan el azul y el gris. Son mis colores favoritos. El azul es el color del cielo y el gris es el color de mi mochila; **2.** Alba: A mí me gusta el amarillo porque es el color del sol; **3.** Carmen: A mí me gusta el color rosa, es el color de mi camiseta, y el rojo, es el color de las fresas; **4.** Marcos: A mí me gustan el naranja y el verde. El verde es el color de los árboles y la naranja es mi fruta favorita; **5.** Rocío: A mí me gusta el color violeta, es el color de la lavanda. También me gusta el marrón, es el color del chocolate; **6.** Andrés: Pues a mí me gustan el blanco y el negro. Son los colores de mi balón de fútbol.

Lección 14

Diez, veinte, treinta...

Pista 5-3. 1. Escucha y lee cómo se presenta Paula.

1. Vivo en Madrid, en el número 94 de la calle Alcalá; **2.** Mi número de móvil es el 625 43 71 83; **3.** Mi número favorito es el 75; **4.** Soy delgada, peso 52 kilos; **5.** Soy alta, mido 1 metro 61; **6.** Soy castaña y tengo el pelo liso y largo: 35 centímetros.

Cuentas hasta 100

Pista 5-4. 3. Escucha y completa como en el modelo.

30. treinta; 40. cuarenta; 50. cincuenta; 60. sesenta; 70. setenta; 80. ochenta; 90. noventa; 100. cien.

Lección 15

Paseé con Ron

Pista 5-5. 1. Escucha a Paula y lee.

El sábado me levanté a las 10:00 y desayuné con mis padres y mi prima Clara. Por la tarde, fui al parque con Ron. Él corrió y jugó con otros perros.

El domingo por la mañana, salí con mis amigos. Fuimos a patinar. ¡Hice 30 fotos! Después, volví a casa a las 13:00. Por la tarde, vi la tele.

El pretérito perfecto simple

Pista 5-6. 4. Escucha y completa con las formas que faltan.

Ver: vi; viste; vio; vimos; visteis; vieron; Hacer: hice; hiciste; hizo; hicimos; hicisteis; hicieron. Ir: fui, fuiste, fue; fuimos; fuisteis; fueron.

Unidad 6

Lección 16

El dormitorio

Pista 6-1. 4. Escucha y completa el nombre de los muebles con estas sílabas.

1. la estantería; **2.** la mesita de noche; **3.** la silla; **4.** el escritorio; **5.** la alfombra; **6.** la cama.

Lección 17

En mi piso hay...

Pista 6-2. 1. Escucha la descripción del piso de David. Después, señala el piso correcto.

En mi casa hay una cocina, un salón con terraza, no hay pasillo. Hay dos baños y tres dormitorios. Es un piso grande.

Lección 18

¿Qué vas a hacer?

Pista 6-3. 1. Observa la página web. Escucha y lee la conversación entre estos amigos.

David   ¿Qué vas a hacer este verano, Tomás?

Tomás   Pues voy a ir a casa de mis tíos, viven en Santander. Mis primos y yo vamos a ir a la playa.

David   ¿Vas a hacer surf?

Tomás   ¡Claro!, con mi prima. Y el 16 de agosto es el cumpleaños de mi primo y va a organizar una fiesta con sus amigos. Vamos a bailar mucho. Y tú, ¿qué vas a hacer?

David   Yo, en julio, voy a ir a un campamento en los Pirineos. Mira la web... ¿te gustan las actividades?

Tomás   ¡Son geniales! ¡Vas a jugar al baloncesto! ¡Qué suerte tienes, David!

David   Sí, también voy a montar a caballo, voy a hacer actividades de multiaventura y voy a nadar en el lago...

Fonética

Pista 3. Escucha y completa estas palabras con *n* o *ñ*.

1. la piña; **2.** la rana; **3.** la araña; **4.** las castañas; **5.** las manos; **6.** el nido; **7.** las montañas; **8.** el pañuelo; **9.** el abanico; **10.** el niño.

Pista 13. Escucha estos apellidos y marca fuerte (F) o suave (S).

1. Ibarra; **2.** Abril; **3.** Latorre; **4.** Murillo; **5.** Redondo; **6.** Olivares; **7.** Becerra; **8.** Grande; **9.** Robles; **10.** Duero.